maraboutchef

mes recettes protéinées

NOUVELLES
75
RECETTES

marabout**chef**

mes recettes protéinées

pour vous mettre en appétit...

Lotte braisée au poivron
et au gingembre

Frittata aux asperges et à la roquette

Flan à la tomate, à la courgette
et à l'origan

Œufs cocotte

Beignets de courgette et tzatziki

Petits pois à la menthe

Champignons rôtis au fromage frais

Légumes grillés

Viandes

Brochettes de bœuf et salade grecque

Pour 2 personnes

Préparation 15 minutes • Cuisson 10 minutes

300 g de rumsteck coupé en cubes de 2 cm de côté
1 c. à s. de thym finement haché
2 petites tomates (180 g) coupées en morceaux
1 petit poivron vert (150 g) haché grossièrement
30 g d'olives noires dénoyautées (facultatif)
1 petit concombre (130 g) coupé en morceaux
1 c. à s. de persil plat ciselé

1. Mélangez le bœuf et le thym dans un saladier, puis enfilez le bœuf sur des brochettes. Faites cuire les brochettes dans une poêle-gril chaude (ou sous le gril du four, ou au barbecue).

2. Pendant ce temps, mélangez le reste des ingrédients dans un saladier.

3. Servez les brochettes avec la salade et des quartiers de citron.

Faites tremper 4 brochettes de bambou au moins 10 minutes dans de l'eau froide avant l'emploi, pour éviter qu'elles ne se déforment pendant la cuisson. Vous pouvez aussi utiliser des brochettes en métal.

Filet mignon de porc et salade de chou à l'asiatique

Pour 4 personnes

Préparation 10 minutes • Réfrigération 1 heure
Cuisson 10 minutes

2 c. à s. de sauce soja claire
1 c. à s. de mirin
1 gousse d'ail pilée
300 g de filet mignon de porc

Salade de chou à l'asiatique
240 g de chou rouge émincé
1 grosse carotte (180 g) coupée en fins bâtonnets
4 ciboules coupées en fines tranches
10 g de feuilles de coriandre
1 c. à s. de sauce soja claire
2 c. à c. de jus de citron

1. Mélangez la sauce soja, le mirin, l'ail et le porc dans un saladier. Couvrez puis faites mariner au réfrigérateur pendant 1 heure.

2. Pendant ce temps, préparez la salade de chou à l'asiatique.

3. Faites cuire le porc dans une poêle-gril légèrement huilée, jusqu'à ce qu'il soit doré. Couvrez le porc et laissez-le reposer 5 minutes avant de le couper en fines tranches.

4. Servez le porc avec la salade de chou.

Salade de chou à l'asiatique Mélangez tous les ingrédients dans un saladier.

Rissoles de bœuf et salade de betterave

Pour 2 personnes

Préparation 10 minutes • Cuisson 10 minutes

220 g de bœuf haché maigre
1 gousse d'ail pilée
2 c. à c. de cumin en poudre
200 g de petites betteraves cuites coupées en rondelles
2 c. à s. de persil plat ciselé
3 ciboules émincées
1 c. à s. de vinaigre balsamique
2 c. à s. de fromage frais 0 %

1. Mélangez le bœuf avec l'ail et le cumin dans un petit saladier, puis façonnez 4 pavés de cette préparation.

2. Faites cuire les pavés dans une poêle antiadhésive.

3. Pendant ce temps, mélangez les betteraves avec le persil, les ciboules et le vinaigre dans un saladier.

4. Pour servir, dressez les rissoles sur la salade et garnissez-les de fromage frais.

Porc grillé à la salsa verde

Pour 4 personnes

Préparation 15 minutes • Cuisson 15 minutes

2 gousses d'ail pilées
2 c. à c. de jus de citron
2 c. à c. de zeste de citron râpé
600 g de filet mignon de porc

Salsa verde

1 bouquet de persil plat frais ciselé
1 bouquet de menthe fraîche ciselé
2 c. à s. de jus de citron
2 c. à s. de jeunes câpres rincées
1 gousse d'ail pilée

1. Préparez la salsa verde.

2. Mélangez l'ail, le jus et le zeste de citron. Enduisez le filet mignon de cette marinade.

3. Faites cuire le porc dans une poêle-gril chaude légèrement huilée. Couvrez et laissez reposer 5 minutes avant de couper la viande en tranches fines.

4. Servez avec la salsa verde et des quartiers de citron.

Salsa verde Mélangez tous les ingrédients dans un bol.

Porc sauté, sauce aux prunes et au soja

Pour 4 personnes

Préparation 15 minutes • Cuisson 15 minutes

600 g de filet mignon de porc
coupé en tranches fines
1 gros oignon (150 g) grossièrement haché
1 gousse d'ail pilée
340 g d'asperges parées
2 poivrons rouges moyens (400 g),
coupés en lamelles dans le sens
de la longueur
125 ml de sauce aux prunes
2 c. à s. de sauce soja claire

1. Faites dorer les tranches de filet mignon dans un wok chaud légèrement huilé, en plusieurs fois. Réservez-les.

2. Faites revenir l'oignon et l'ail 1 minute dans le wok. Ajoutez les asperges et les poivrons, et faites sauter jusqu'à ce que les légumes commencent à se ramollir.

3. Remettez le porc dans le wok, avec un mélange de sauce aux prunes et de sauce soja. Faites sauter jusqu'à ce que le porc soit cuit.

Moussaka et yaourt au citron

Pour 2 personnes

Préparation 15 minutes • Cuisson 15 minutes

1 petit oignon jaune (80 g) finement haché
1 gousse d'ail pilée
1 c. à s. de bouillon de bœuf dégraissé
170 g de bœuf haché maigre
2 petites tomates (180 g) coupées en morceaux
¼ de c. à c. de cannelle
¼ de c. à c. de noix de muscade
125 ml de bouillon de bœuf dégraissé supplémentaires
2 c. à s. de persil plat ciselé
2 c. à s. de basilic ciselé
1 aubergine moyenne (300 g)
1 petit poivron rouge (150 g) coupé en quatre
70 g de yaourt nature 0 %
2 c. à c. de zeste de citron finement râpé
1 c. à s. de jus de citron
20 g de feuilles de roquette

1. Faites revenir l'oignon et l'ail avec le bouillon de bœuf dans une poêle. Ajoutez le bœuf, les tomates, les épices, puis laissez dorer le bœuf en remuant. Versez le bouillon supplémentaire et portez à ébullition. Laissez frémir 5 minutes à découvert, jusqu'à ce que le liquide soit absorbé. Retirez du feu et ajoutez les herbes.

2. Pendant ce temps, coupez l'aubergine en 6 tranches, dans le sens de la longueur. Jetez les 2 tranches extérieures. Faites cuire l'aubergine et le poivron dans une poêle-gril chaude (ou sous le gril du four, ou au barbecue), jusqu'à ce qu'ils soient dorés.

3. Mélangez le yaourt avec le zeste et le jus de citron dans un petit saladier.

4. Pour servir, superposez sur les assiettes la préparation au bœuf, l'aubergine, le poivron et la roquette. Arrosez de yaourt au citron.

Bœuf piquant et salade de betterave rôtie

Pour 4 personnes

Préparation 15 minutes • Cuisson 25 minutes

4 steaks de filet de bœuf de 200 g chacun
2 c. à c. de paprika fumé
2 c. à s. d'origan frais grossièrement haché
5 betteraves moyennes (1,5 kg)
coupées en dés de 1 cm de côté
2 gousses d'ail pilées
2 c. à s. de vinaigre de vin rouge
100 g de jeunes pousses d'épinard

1. Préchauffez le four à 180 °C.

2. Mélangez le bœuf, le paprika et la moitié de l'origan dans un petit saladier. Couvrez et placez au réfrigérateur.

3. Pendant ce temps, mélangez les betteraves avec l'ail dans un grand plat allant au four. Enfournez pour 20 minutes, jusqu'à ce que les betteraves soient tendres.

4. Faites cuire les steaks selon votre goût, en plusieurs fois, dans une grande poêle chaude légèrement huilée. Retirez-les de la poêle et laissez-les reposer 5 minutes. Tranchez-les grossièrement et couvrez-les pour les maintenir au chaud.

5. Versez le vinaigre dans un bol. Ajoutez les tranches de bœuf, les betteraves, le reste d'origan et les épinards. Mélangez bien puis servez.

Saltimbocca

Pour 4 personnes

Préparation 10 minutes • Cuisson 25 minutes

8 steaks de filet de bœuf de 100 g chacune
4 tranches de prosciutto (60 g) coupées
en deux dans le sens de la largeur
8 feuilles de sauge fraîche
250 ml de vin blanc sec
40 ml de bouillon de bœuf dégraissé
1 c. à s. de feuilles de sauge fraîche ciselées

1. Posez les steaks de bœuf sur une planche à découper et aplatissez-les légèrement avec un maillet à viande. Disposez 1 morceau de prosciutto et 1 feuille de sauge au centre de chaque tranche de viande, puis repliez en deux et fermez à l'aide d'une pique en bois.

2. Faites cuire les saltimboccas, 5 minutes environ dans une grande poêle légèrement huilée. Retirez-les de la poêle et couvrez-les pour les maintenir au chaud.

3. Déglacez les sucs de cuisson avec le vin blanc. Ajoutez le bouillon de bœuf et portez à ébullition. Laissez bouillir à découvert jusqu'à réduire de moitié. Incorporez la sauge hachée.

4. Servez les saltimboccas arrosés de sauce et accompagnés de jeunes haricots verts à la vapeur.

Le saltimbocca est une recette classique italienne qui se traduit littéralement par « saute dans la bouche ». C'est l'un des plats qui conservent leur nom italien sur les menus des pays du monde entier. Sans doute car le mot décrit fidèlement l'essence du mets.

Carré de veau farci aux herbes

Pour 4 personnes

Préparation 20 minutes • Cuisson 35 minutes

1 oignon brun (150 g) émincé
1 gousse d'ail pilée
½ branche de céleri émincée
45 g de chapelure
1 c. à s. de moutarde de Dijon
1 c. à c. de thym frais finement haché
1 c. à s. de persil plat frais finement haché
1 c. à c. de zeste de citron finement râpé
2 c. à c. de sel de mer
2 c. à c. de poivre noir du moulin
1 carré de veau de 4 côtes épaisses
375 ml de bouillon de bœuf dégraissé
1 oignon brun (150 g) grossièrement haché
2 c. à c. de vinaigre balsamique
125 ml de bouillon de bœuf dégraissé supplémentaires

1. Préchauffez le four à 220 °C. Faites revenir l'oignon, l'ail et le céleri dans une poêle antiadhésive légèrement huilée, jusqu'à ce que l'oignon soit tendre. Ajoutez la chapelure et laissez dorer à feu moyen. Retirez du feu puis ajoutez la moutarde, les herbes, le zeste de citron, la moitié du sel et la moitié du poivre. Laissez reposer 10 minutes.

2. Avec un couteau fin, dégagez un espace dans le cœur du carré de veau, près de l'os, et farcissez la viande avec la préparation aux herbes.

3. Mettez le veau dans un plat à rôtir, avec le bouillon et l'oignon supplémentaire. Assaisonnez avec le reste de sel et de poivre. Faites cuire 30 minutes au four. Retirez le veau du plat, couvrez-le et laissez-le reposer 10 minutes.

4. Versez le vinaigre et le bouillon supplémentaire dans le plat pour déglacer le jus de cuisson, en remuant bien. Versez la sauce obtenue dans une saucière. Servez le veau avec des légumes verts de votre choix et proposez la sauce à part.

Bœuf au cinq-épices et légumes asiatiques

Pour 4 personnes

Préparation 10 minutes • Cuisson 10 minutes

150 g de filet de bœuf coupé en fines tranches
10 g de gingembre frais râpé
1 c. à c. de cinq-épices
60 ml de sauce soja foncée
2 c. à s. d'eau
2 c. à c. de jus de citron
500 g de gai lan lavés et coupés en 4 tronçons
350 g de choy sum lavés et coupés en 4 tronçons
150 g de pois gourmands
½ c. à c. de graines de sésame

1. Mélangez le bœuf, le gingembre et le cinq-épices dans un saladier.

2. Faites sauter le bœuf dans un wok antiadhésif puis retirez-le du wok.

3. Mettez la sauce soja, l'eau et le jus de citron dans le wok. Portez à ébullition. Laissez mijoter 2 minutes.

4. Remettez le bœuf dans le wok et ajoutez les légumes. Faites-les sauter jusqu'à ce qu'ils soient cuits. Saupoudrez de graines de sésame et servez aussitôt.

Curry rouge au bœuf et aux courgettes

Pour 4 personnes

Préparation 10 minutes • Cuisson 25 minutes

- 4 steaks de filet de bœuf de 200 g chacun
- 75 g de pâte de curry rouge
- 225 g de pousses de bambou en boîte, rincées et égouttées
- 400 ml de lait de coco allégé en boîte
- 60 ml d'eau
- 1 c. à s. de nuoc-mâm
- 1 c. à s. de jus de citron vert
- 2 feuilles de citronnier kaffir fraîches ciselées
- 4 grosses courgettes (600 g) grossièrement coupées
- 1 poignée de feuilles de basilic

1. Faites cuire les steaks dans une grande poêle. Une fois cuits à votre convenance, retirez-les de la poêle et laissez-les reposer 5 minutes. Coupez-les en tranches épaisses, puis couvrez-les pour les maintenir au chaud.

2. Pendant ce temps, faites revenir la pâte de curry dans la même poêle, en remuant, pour faire ressortir l'arôme. Ajoutez les pousses de bambou, le lait de coco, l'eau, le nuoc-mâm, le jus de citron vert et les feuilles de kaffir. Laissez mijoter 10 minutes à découvert. Ajoutez les courgettes et laissez mijoter jusqu'à ce qu'elles soient tendres. Incorporez les morceaux de viande.

3. Servez ce curry décoré de basilic.

Pot-au-feu au chou farci

Pour 6 personnes

Préparation 45 minutes • Cuisson 1 h 45

2 jarrets de veau (1,5 kg)
2 grosses carottes (360 g) grossièrement coupées
1 poireau moyen (350 g) grossièrement coupé
2 petits navets grossièrement coupés
6 oignons blancs
1 feuille de laurier
750 ml de bouillon de poule dégraissé
1 litre d'eau
1 petit chou de Milan
250 g de viande de porc hachée
250 g de viande de poulet hachée
1 œuf
1 petit oignon jaune (70 g) grossièrement haché
50 g de chapelure

1. Mettez le veau, les carottes, le poireau, les navets, les oignons entiers, le laurier, le bouillon et l'eau dans une cocotte et portez à ébullition. Réduisez le feu et laissez mijoter environ 1 h 30 à découvert, jusqu'à ce que le veau soit tendre. Retirez les jarrets. Quand ils sont assez froids pour être manipulés, désossez-les et hachez grossièrement la viande.

2. Prélevez 12 grandes feuilles sur le chou et blanchissez-les 3 minutes dans une grande casserole d'eau bouillante. Procédez en plusieurs fois. Égouttez-les sur du papier absorbant. Ciselez 4 feuilles de chou crues et réservez le reste.

3. Pendant ce temps, malaxez dans un grand saladier le porc, le poulet, l'œuf, l'oignon, la chapelure et le chou cru ciselé. Répartissez cette préparation sur les feuilles de chou. Roulez les feuilles autour de la farce et maintenez-les en place à l'aide de piques en bois.

4. Remettez le veau dans la cocotte, ajoutez les feuilles de chou farcies et portez à ébullition. Baissez le feu et laissez frémir environ 10 minutes, à découvert, jusqu'à ce que les farcis soient cuits à cœur. Répartissez-les sur les assiettes de service et arrosez de bouillon. Servez avec les légumes.

Steaks à la sauce tomate pimentée

Pour 4 personnes

Préparation 15 minutes • Cuisson 15 minutes

4 steaks de filet de bœuf de 150 g chacun
1 petit oignon (100 g) émincé
1 gousse d'ail pilée
3 tomates moyennes (270 g) épluchées et épépinées
2 petits piments rouges thaïs frais finement hachés
2 c. à c. de concentré de tomate

1. Dans une grande poêle antiadhésive, faites cuire les steaks selon la cuisson désirée. Couvrez-les pour les maintenir au chaud.

2. Pendant ce temps, faites revenir l'oignon et l'ail dans une casserole légèrement huilée, en remuant. Ajoutez un peu d'eau si la préparation commence à attacher. Ajoutez les tomates, les piments et le concentré de tomate. Faites cuire 5 minutes en remuant.

3. Servez les steaks avec la sauce.

Filets grillés tex-mex

Pour 4 personnes

Préparation 15 minutes • Cuisson 15 minutes

4 steaks de filet de bœuf de 200 g chacun
1 poivron rouge moyen (200 g)
coupé en tout petits dés
1 poivron jaune moyen (200 g)
coupé en tout petits dés
1 poivron vert moyen (200 g)
coupé en tout petits dés
1 petit piment rouge thaï frais finement haché
2 c. à s. de jus de citron vert

1. Faites cuire les steaks dans une poêle-gril huilée (ou sous le gril du four, ou au barbecue), puis couvrez-les pour les maintenir au chaud.

2. Pendant ce temps, mélangez dans un petit saladier les poivrons, le piment et le jus de citron vert. Servez les steaks avec la salsa de poivron.

Bœuf grillé aux légumes et au caviar d'aubergine

Pour 4 personnes

Préparation 15 minutes • Cuisson 20 minutes

3 gousses d'ail pilées
2 c. à c. de zeste de citron finement râpé
4 steaks de filet de bœuf de 150 g chacun
2 petits poivrons rouges (400 g) coupés en grosses lamelles
2 grosses courgettes (300 g) coupées en deux puis émincées dans le sens de la longueur
120 g de caviar d'aubergine
1 poignée de feuilles de menthe

1. Mélangez l'ail, le zeste de citron, le bœuf, les poivrons et les courgettes dans un saladier. Faites cuire le bœuf et les légumes, en plusieurs fois, dans une poêle-gril (ou sous le gril du four, ou au barbecue), jusqu'à ce que la viande soit cuite à votre convenance et les légumes tendres.

2. Répartissez les légumes dans les assiettes, disposez le bœuf dessus. Servez accompagné de caviar d'aubergine et décoré de feuilles de menthe.

Steaks à la salsa verde

Pour 4 personnes

Préparation 15 minutes • Cuisson 15 minutes

4 steaks de filet de bœuf de 200 g chacun
1 bouquet de persil plat frais ciselé
2 c. à s. d'aneth
2 c. à s. de ciboulette
1 c. à s. de jeunes câpres rincées et égouttées
1 gousse d'ail pilée
1 c. à s. de jus de citron
2 c. à c. de moutarde à l'ancienne

1. Faites cuire les steaks selon votre goût dans une poêle-gril chaude (ou sous le gril du four, ou au barbecue). Couvrez et laissez reposer 5 minutes.

2. Pendant ce temps, mélangez dans un bol le persil, l'aneth, la ciboulette, les câpres, l'ail, le jus de citron et la moutarde à l'ancienne.

3. Servez les steaks de bœuf nappés de salsa verde.

Brochettes de bœuf au satay

Pour 4 personnes

Préparation 15 minutes • Cuisson 15 minutes

160 ml de crème de coco allégée en boîte
1 gousse d'ail pilée
1 petit piment thaï frais finement haché
1 c. à s. de nuoc-mâm
1 c. à s. de kecap manis
800 g de filet de bœuf

1. Dans un bol, mélangez la crème de coco, l'ail, le piment, le nuoc-mâm et le kecap manis.

2. Découpez le bœuf en dés de 3 cm de côté et enfilez-les sur 8 brochettes en bambou préalablement trempées dans de l'eau froide. Enduisez la viande de sauce satay à l'aide d'un pinceau. Faites cuire les brochettes selon votre goût dans une poêle-gril préchauffée (ou sous le gril du four, ou au barbecue).

3. Portez à ébullition le reste de sauce satay dans une petite casserole, puis versez sur les brochettes avant de servir.

Poulet

Poulet rôti au citron et à l'ail

Pour 3 personnes

Préparation 25 minutes • Cuisson 40 minutes

1 poulet de 1,5 kg coupé en 8 morceaux
6 gousses d'ail non pelées
1 citron
2 c. à s. de persil plat ciselé
2 c. à c. de gros sel

1. Préchauffez le four à 220 °C. Placez les blancs de poulet au réfrigérateur. Déposez les cuisses, les ailes et les pilons dans un plat à rôtir légèrement huilé. Mettez éventuellement un peu d'eau dans le fond du plat. Glissez 1 gousse d'ail sous chaque morceau. Faites-les rôtir 15 minutes au four.

2. Prélevez le zeste du citron et détaillez-le en 6 morceaux que vous hacherez grossièrement avant de les mélanger avec le persil et le gros sel dans un bol.

3. Déposez les blancs de poulet, sur la peau, dans le même plat et remettez la viande au four pour 10 minutes. Retournez les blancs et arrosez-les de jus de cuisson ; arrosez également les autres morceaux de volaille.

4. Coupez le citron en quartiers et mettez ces derniers dans le plat. Saupoudrez la viande du zeste de citron au persil et au sel puis laissez rôtir encore 15 minutes, jusqu'à ce que le poulet soit bien doré et parfaitement cuit.

Blancs de poulet au citron vert

Pour 4 personnes

Préparation 10 minutes • Cuisson 20 minutes

12 feuilles de citronnier kaffir coupées en fines lanières
80 ml de jus de citron vert
2 c. à c. de gingembre frais râpé
4 blancs de poulet coupés en deux (680 g)
400 g de brocolis chinois coupés en quatre

Sauce à l'ail et au soja
2 c. à s. de sauce soja légère
2 c. à s. de saké
2 c. à s. de sauce au piment douce
1 gousse d'ail pilée
1 c. à s. de coriandre fraîche hachée grossièrement

1. Mélangez les feuilles de kaffir, le jus de citron vert et le gingembre dans un petit bol.

2. Disposez chaque blanc de poulet sur une grande feuille de papier d'aluminium. Arrosez de sauce au citron vert et au gingembre. Refermez la feuille d'aluminium sur le poulet.

3. Faites cuire les papillotes 15 minutes à la vapeur, dans un panier en bambou.

4. Pendant ce temps, préparez la sauce à l'ail et au soja.

5. Juste avant de servir, ajoutez les brocolis dans le panier en bambou. Prolongez la cuisson jusqu'à ce que les brocolis soient cuits. Servez le poulet et les brocolis avec la sauce à l'ail et au soja.

Sauce à l'ail et au soja Mélangez tous les ingrédients dans un petit bol.

Blancs de poulet à la purée de carotte

Pour 2 personnes

Préparation 10 minutes • Cuisson 10 minutes

500 ml de bouillon de poule dégraissé
360 ml d'eau
3 carottes moyennes (360 g) coupées en cubes
4 blancs de poulet rôtis
quartiers de citron rôtis
2 gousses d'ail rôties
2 c. à s. de crème fraîche allégée

1. Versez le bouillon et l'eau dans une casserole, ajoutez les carottes et portez à ébullition. Laissez frémir 10 minutes à feu doux, jusqu'à ce que les carottes soient tendres. Égouttez-les en réservant 2 cuillerées à soupe de liquide de cuisson.

2. Réchauffez les blancs de poulet et les quartiers de citron rôtis à la poêle ou au micro-ondes, jusqu'à ce qu'ils soient parfaitement chauds.

3. Mixez en purée lisse les carottes avec l'ail, la crème fraîche et le liquide de cuisson réservé.

4. Dégustez les blancs de poulet avec la purée de carotte et les quartiers de citron rôtis.

Poulet rôti aux 40 gousses d'ail

Pour 4 personnes

Préparation 20 minutes • Cuisson 1 h 20 • Repos 15 minutes

3 à 4 belles têtes d'ail
2 c. à c. de fleur de sel
2 c. à c. de poivre noir concassé
1 poulet de 1,5 kg
250 ml d'eau
purée de carotte ou de chou-fleur pour servir

1. Préchauffez le four à 200 °C. Séparez les gousses d'ail sans retirer la peau. Mélangez le sel et le poivre puis étalez le mélange sur le poulet, en pressant bien pour qu'il adhère à la peau. Farcissez le poulet avec la moitié des gousses d'ail et attachez les pattes avec de la ficelle de cuisine.

2. Disposez le reste des gousses d'ail en une seule couche dans un plat à rôtir et posez le poulet dessus. Versez délicatement l'eau dans le plat, enfournez et laissez rôtir 1 h 20 à découvert, jusqu'à ce que le poulet soit cuit à cœur et bien doré. Arrosez-le régulièrement pendant la cuisson.

3. Dressez le poulet sur un plat de service, couvrez d'une feuille de papier d'aluminium et laissez reposer 15 minutes. Découpez-le et servez avec les gousses d'ail entières et une purée de carotte ou de chou-fleur.

Salade croquante au poulet

Pour 2 personnes

Préparation 10 minutes • Cuisson 5 minutes

220 g de blancs de poulet
100 g de fromage frais 0 %
3 branches de céleri épluchées (300 g), hachées
4 ciboules émincées
2 c. à c. d'aneth ciselé
1 gousse d'ail pilée
6 petites feuilles de laitue iceberg

1. Faites cuire les blancs de poulet dans une poêle antiadhésive légèrement huilée. Retirez du feu et laissez refroidir.

2. Détaillez le poulet en lamelles. Mélangez-les dans un saladier avec le fromage frais, le céleri, les ciboules, l'aneth et l'ail.

3. Répartissez la préparation au poulet sur les feuilles de laitue puis servez.

Artichaut et poulet fumé, sauce aux câpres

Pour 4 personnes

Préparation 30 minutes • Cuisson 20 minutes

2 poivrons jaunes moyens (400 g)
4 petites aubergines (240 g) émincées
2 grosses courgettes (300 g) émincées
340 g de cœurs d'artichaut
550 g de blancs de poulet fumés, coupés en tranches fines
400 g de cresson

Sauce aux câpres
2 œufs durs coupés en quatre
1 c. à s. de câpres égouttées
2 c. à s. de vinaigre de vin blanc
2 c. à s. d'origan ciselé
1 gousse d'ail coupée en quatre
2 c. à s. de jus de citron

1. Coupez les poivrons en quatre et débarrassez-les des graines et des membranes. Faites-les rôtir sous le gril du four jusqu'à ce que la peau noircisse et commence à cloquer. Couvrez les poivrons de film alimentaire 5 minutes puis pelez-les et détaillez-les en fines lanières.

2. Préparez la sauce aux câpres.

3. Faites cuire les aubergines et les courgettes au barbecue, jusqu'à ce qu'elles soient légèrement dorées. Laissez refroidir.

4. Mélangez délicatement les poivrons, les aubergines, les courgettes, les artichauts et le poulet avec la sauce, dans un saladier. Servez sur le cresson.

Sauce aux câpres Mixez les œufs, les câpres, le vinaigre, l'origan, l'ail et le jus de citron.

Poulet yakitori

Pour 4 personnes

Préparation 15 minutes • Cuisson 10 minutes

1 kg de blancs de poulet
60 ml de mirin
125 ml de sauce soja légère
2 c. à c. de gingembre frais râpé
2 gousses d'ail pilées
¼ de c. à c. de poivre noir moulu

1. Découpez les blancs de poulet en morceaux de 2 cm d'épaisseur. Mélangez tous les ingrédients restants dans un grand plat creux, puis ajoutez le poulet et enrobez-le bien du mélange. Égouttez le poulet au-dessus d'un petit bol. Réservez la marinade.

2. Enfilez les morceaux de poulet sur 12 brochettes en bambou. Faites cuire les brochettes au four ou au barbecue, en les retournant de temps en temps. Arrosez-les régulièrement de marinade en cours de cuisson.

Le mirin est un vin de riz doux très employé dans la cuisine japonaise. Vous pouvez le remplacer par du xérès ou un vin blanc doux.

Poulet aux champignons et à la sauce aux huîtres

Pour 4 personnes

Préparation 10 minutes • Cuisson 10 minutes

150 g de blancs de poulet
coupés en fines tranches
8 ciboules grossièrement hachées
2 gousses d'ail pilées
200 g de shiitakés coupés en fines tranches
200 g de gai lan coupés en morceaux
150 g de pleurotes coupés en grosses tranches
60 ml de sauce aux huîtres
2 c. à s. d'eau
100 g de champignons enoki nettoyés
2 c. à s. de persil plat finement haché

1. Faites sauter le poulet dans un wok chaud légèrement huilé, jusqu'à ce qu'il soit cuit.

2. Ajoutez les ciboules et l'ail dans le wok et faites-les revenir. Ajoutez les shiitakés. Quand ils sont cuits, ajoutez les gai lan, les pleurotes, la sauce aux huîtres et l'eau. Faites revenir jusqu'à ce que les légumes et les champignons soient cuits.

3. Retirez du feu et incorporez les champignons enoki et le persil.

Poulet vapeur en papillotes d'épinard

Pour 4 personnes

Préparation 15 minutes • Cuisson 20 minutes

24 grandes feuilles d'épinard (150 g) lavées
4 filets d'anchois dessalés finement hachés
2 c. à s. de jeunes câpres égouttées
35 g de tomates semi-séchées, égouttées et grossièrement coupées
½ c. à c. de grains de poivre noir pilés
2 gousses d'ail pilées
4 blancs de poulet de 200 g chacun

Sauce au citron
2 c. à s. de sauce soja
1 c. à c. de zeste de citron finement râpé
2 c. à s. de jus de citron
1 gousse d'ail pilée

1. Portez à ébullition une grande casserole d'eau. Plongez-y les épinards, feuille par feuille, puis égouttez-les immédiatement. Ensuite, plongez-les pour 3 minutes dans un saladier d'eau glacée. Égouttez et séchez soigneusement chaque feuille d'épinard avec du papier absorbant.

2. Mélangez les anchois, les câpres, les tomates, le poivre et l'ail dans un bol.

3. Étalez 6 feuilles d'épinard sur un plan de travail, en les faisant se chevaucher. Disposez dessus 1 blanc de poulet garni de mélange aux anchois. Repliez les feuilles pour former la papillote. Procédez de même pour les 3 papillotes restantes.

4. Disposez les papillotes dans un panier vapeur en bambou tapissé de papier cuisson et posé sur une casserole d'eau bouillante. Laissez cuire environ 20 minutes à la vapeur, à couvert.

5. Pendant ce temps, préparez la sauce au citron.

6. Servez le poulet avec la sauce au citron.

Sauce au citron Mélangez tous les ingrédients dans un bol.

Poulet tikka au raïta

Pour 4 personnes

Préparation 15 minutes • Cuisson 10 minutes

1 kg de blancs de poulet parés
150 g de pâte de curry tikka
600 g de chou blanc râpé

Raïta
200 g de yaourt 0 %
1 petit concombre (130 g) pelé, épépiné et haché menu
2 c. à s. de menthe fraîche hachée menu
1 c. à c. de cumin moulu

1. Mélangez le poulet et la pâte de curry tikka dans un plat allant au four.

2. Faites cuire les blancs de poulet 40 minutes à 180 °C.

3. Pendant ce temps, préparez le raïta.

4. Servez le poulet cuit sur un lit de chou, accompagné de raïta.

Raïta Mélangez tous les ingrédients dans un petit bol.

Poulet au sel et au poivre

Pour 4 personnes

Préparation 15 minutes • Cuisson 30 minutes

2 c. à c. de sel
2 c. à c. de grains de poivre pilés
1 c. à c. de flocons de piment séché
4 blancs de poulet de 200 g chacun
400 g de gai lan émincés
1 c. à s. de sauce aux huîtres
1 poignée de feuilles de coriandre fraîche
2 ciboules émincées

1. Mélangez le sel, le poivre et le piment avec le poulet, dans un saladier.

2. Faites cuire les blancs de poulet 10 minutes sur un côté, dans un wok chaud légèrement huilé, jusqu'à ce qu'ils soient dorés et croustillants. Retournez-les et laissez-les cuire encore 5 minutes. Retirez-les du wok et couvrez-les pour les maintenir au chaud.

3. Faites revenir les gai lan avec la sauce aux huîtres dans le wok, jusqu'à ce que les gai lan soient flétris.

4. Servez le poulet avec les gai lan, garni de coriandre et de ciboules.

Paupiettes de poulet aux herbes et salade de tomate

Pour 4 personnes

Préparation 25 minutes • Cuisson 25 minutes

1 bouquet de basilic frais ciselé
1 c. à s. d'origan frais ciselé
2 c. à c. de thym citron frais
2 gousses d'ail pilées
1 c. à s. de zeste de citron finement râpé
4 blancs de poulet (680 g)
4 tranches de jambon cru
250 g de tomates cerises
250 g de tomates poires
150 g de pousses d'épinard
2 c. à s. de vinaigre balsamique

1. Préchauffez le four à 180 °C. Mélangez soigneusement la moitié du basilic, l'origan, le thym, l'ail et le zeste de citron. Aplatissez les blancs de poulet à l'aide d'un maillet à viande, après les avoir enveloppés dans du film alimentaire. Vous devez obtenir des escalopes d'environ 5 mm d'épaisseur. Étalez la farce aux herbes dessus, enroulez les escalopes autour de cette garniture puis enroulez chaque paupiette dans une tranche de jambon cru.

2. Faites cuire les paupiettes 10 minutes dans une grande poêle antiadhésive légèrement huilée. Quand elles sont dorées de toutes parts, mettez-les dans un plat à rôtir et terminez la cuisson au four pendant 15 minutes.

3. Pendant ce temps, faites revenir les tomates dans la même poêle, 3 minutes à feu vif. Mélangez-les avec les épinards et le reste du basilic dans un saladier. Assaisonnez avec le vinaigre balsamique. Servez les paupiettes sur un lit de salade de tomate et d'épinard.

Poulet grillé aux épices et sauce tomate aux piments

Pour 4 personnes

Préparation 10 minutes • Cuisson 25 minutes

60 ml de jus de citron
1 c. à c. de cumin moulu
2 c. à c. de paprika doux
8 cuisses de poulet désossées de 125 g chacune

Sauce tomate aux piments
le jus de ½ citron
60 ml de vinaigre de vin
2 piments longs frais grossièrement tranchés
4 grosses tomates (360 g) grossièrement coupées

1. Préparez la sauce tomate aux piments.

2. Pendant ce temps, mélangez le jus de citron, le cumin, le paprika et le poulet dans un saladier. Faites cuire le poulet dans une poêle-gril légèrement huilée (ou sous le gril du four, ou au barbecue). Servez le poulet accompagné de la sauce tomate aux piments.

Sauce tomate aux piments Faites chauffer le jus de citron et le vinaigre dans une casserole à feu doux, en remuant. Ajoutez les piments et les tomates et portez à ébullition. Laissez mijoter 15 minutes à feu doux, à découvert. Passez la sauce dans un tamis au-dessus d'un bol et réservez les morceaux. Remettez le liquide dans la casserole et portez à ébullition. Laissez bouillir à découvert pour réduire le liquide de moitié. Remettez les morceaux de tomate dans la casserole et réchauffez le tout.

Poulet aux tomates cerises rôties, sauce au basilic

Pour 4 personnes

Préparation 5 minutes • Cuisson 25 minutes

500 g de tomates cerises
5 gousses d'ail non pelées
4 blancs de poulet de 200 g chacun
1 bouquet de basilic frais ciselé
60 ml de crème liquide allégée

1. Préchauffez le four à 200 °C.

2. Mettez les tomates cerises et l'ail dans un plat allant au four légèrement huilé. Laissez cuire 20 minutes, à découvert, jusqu'à ce que les tomates soient grillées. Une fois l'ail refroidi, épluchez-le.

3. Pendant ce temps, faites cuire les blancs de poulet dans une poêle-gril huilée (ou sous le gril du four, ou au barbecue). Laissez-les reposer 5 minutes.

4. Écrasez l'ail et la moitié des tomates pour obtenir un mélange bien lisse. Versez-les dans une casserole avec le basilic et la crème liquide, puis faites chauffer à feu doux, en remuant. Servez le poulet nappé de sauce et accompagné du reste de tomates.

Poissons et fruits de mer

Plateau de fruits de mer

Pour 4 personnes

Préparation 1 heure

1 langouste cuite
2 araignées de mer cuites
4 cigales de mer cuites
12 huîtres
16 crevettes géantes cuites
3 citrons coupés en quartiers

Sauce soja et mirin
2 c. à s. d'eau
1 c. à s. de sauce soja
2 c. à s. de mirin
2 c. à c. de vinaigre de riz
½ c. à c. de sambal oelek

Sauce pimentée au citron vert
60 ml de sauce au piment douce
2 c. à s. de jus de citron vert
1 c. à s. d'eau
1 c. à c. de nuoc-mâm
2 c. à c. de menthe fraîche ciselée

1. Préparez la sauce soja et mirin puis la sauce pimentée au citron vert.

2. Préparez la langouste en la fendant en deux sur toute la longueur. Séparez les deux moitiés puis retirez le foie et les viscères à l'aide d'une petite cuillère. Séchez-la en la tapotant avec du papier absorbant.

3. Préparez les araignées en détachant les pinces et les pattes puis en coupant le corps en deux.

4. Coupez les cigales en deux, dans le sens de la longueur. Retirez les matières verdâtres, le foie et la veine dorsale.

5. Ouvrez les huîtres. Disposez la langouste, les araignées, les cigales de mer, les crevettes et les huîtres sur un grand plateau, avec les quartiers de citron. Servez accompagné des sauces.

Sauce soja et mirin Mélangez les ingrédients dans un bol.

Sauce pimentée au citron vert Mélangez les ingrédients dans un bol.

Crevettes sautées à la coriandre

Pour 4 personnes

Préparation 20 minutes • Réfrigération 3 heures
Cuisson 5 minutes

1 kg de crevettes moyennes crues
1 pied de coriandre fraîche haché, y compris la racine
2 c. à c. de graines de coriandre séchées
1 c. à c. de grains de poivre vert séchés
4 gousses d'ail coupées en quatre
80 g de germes de soja
1 c. à s. de coriandre fraîche ciselée
quelques feuilles de coriandre fraîche pour décorer

1. Décortiquez les crevettes en gardant la queue intacte.

2. Pilez le pied de coriandre haché, les graines de coriandre, le poivre vert et l'ail dans un mortier. Mettez le tout dans un plat puis ajoutez les crevettes et remuez pour les enrober de ce mélange. Laissez mariner au moins 3 heures au réfrigérateur.

3. Faites chauffer un wok légèrement huilé et faites revenir à feu vif les crevettes, jusqu'à ce qu'elles soient cuites et bien roses. Retirez du feu puis ajoutez les germes de soja et la coriandre ciselée. Décorez de feuilles de coriandre et servez aussitôt.

Gambas sel-poivre-paprika

Pour 24 gambas

Préparation 15 minutes • Cuisson 10 minutes

24 gambas moyennes crues (1 kg)
2 c. à c. de fleur de sel
1 c. à c. de poivre noir concassé
2 c. à c. de paprika doux

Yaourt au citron
95 g de yaourt 0 %
1 gousse d'ail pilée
1 c. à c. de jus de citron

1. Décortiquez les gambas en gardant les queues. Mélangez le sel, le poivre et le paprika dans un saladier, ajoutez les gambas et retournez-les dans ce mélange.

2. Préparez le yaourt au citron.

3. Faites cuire les gambas en plusieurs tournées dans une poêle-gril légèrement huilée, jusqu'à ce qu'elles changent de couleur. Servez les gambas avec le yaourt au citron.

Yaourt au citron Mélangez les ingrédients dans un bol.

Crevettes au sel et au poivre

Pour 6 personnes

Préparation 20 minutes • Cuisson 5 minutes

18 grosses crevettes crues (1,2 kg)
2 c. à c. de sel de mer
¼ de c. à c. de cinq-épices
½ c. à c. de poivre noir fraîchement moulu

1. Décortiquez les crevettes et ôtez la veine en laissant la queue intacte. Piquez chaque crevette sur une brochette, dans le sens de la longueur.

2. Mélangez le sel, le cinq-épices et le poivre dans un bol.

3. Faites cuire les crevettes dans une poêle-gril chaude huilée (ou sous le gril du four, ou au barbecue), à feu vif, jusqu'à ce qu'elles soient dorées des deux côtés et juste cuites. Saupoudrez de la moitié du mélange sel-poivre-épices pendant la cuisson.

4. Servez les brochettes accompagnées du reste du mélange sel-poivre-épices.

Salade de crabe

Pour 4 personnes

Préparation 15 minutes

500 g de chair de crabe
250 g de chou chinois émincé
1 petit concombre (130 g) épépiné et coupé en fines tranches
1 oignon rouge coupé en fines lamelles
6 ciboules émincées
1 poignée de feuilles de menthe fraîche

Assaisonnement
2 gousses d'ail pilées
2 c. à s. de jus de citron vert
2 c. à s. de nuoc-mâm
2 piments rouges frais émincés

1. Égouttez la chair de crabe et émiettez-la si les morceaux sont trop gros.

2. Préparez l'assaisonnement.

3. Mettez le crabe dans un saladier puis ajoutez le reste des ingrédients. Mélangez délicatement puis versez l'assaisonnement et remuez de nouveau. Servez aussitôt.

Assaisonnement Fouettez ensemble tous les ingrédients dans un récipient.

Poisson vapeur en feuille de bananier

Pour 4 personnes

Préparation 25 minutes • Marinade 1 heure • Cuisson 20 minutes

4 petites perches de mer ou 4 petites daurades entières, vidées et écaillées
1 grande feuille de bananier
4 piments rouges frais épépinés et émincés
2 feuilles de citronnier kaffir ciselées
2 ciboules émincées
1 petit bouquet de coriandre
1 petit bouquet de basilic thaï
2 tiges de citronnelle

Marinade au citron et au piment doux
60 ml de sauce au piment douce
2 c. à s. de nuoc-mâm
2 c. à s. de jus de citron vert
1 gousse d'ail pilée
1 c. à c. de gingembre frais râpé

1. Préparez la marinade au citron et au piment doux.

2. Entaillez en profondeur la chair des poissons, sur les 2 faces. Disposez-les ensuite dans un grand plat peu profond et nappez-les de la moitié de la marinade, en les retournant plusieurs fois. Réservez 1 heure au réfrigérateur. Pensez à les retourner au moins 2 fois.

3. Coupez la feuille de bananier en 4 grands carrés. Plongez rapidement ces carrés un à un dans une grande casserole d'eau bouillante, pour les assouplir. Rincez à l'eau froide et laissez s'égoutter sur du papier absorbant.

4. Étalez les carrés sur le plan de travail. Mélangez les piments, les feuilles de kaffir, les ciboules, la coriandre et le basilic thaï dans un récipient. Coupez les tiges de citronnelle en deux dans le sens de la longueur, puis recoupez chaque moitié en 2 tronçons. Vous devez obtenir 8 bâtonnets.

5. Disposez 2 bâtonnets de citronnelle sur chaque carré et calez 1 poisson dessus. Recouvrez le poisson de mélange aux herbes puis rabattez dessus la feuille de bananier, en la maintenant en place avec de la ficelle de cuisine.

6. Mettez les poissons dans un grand panier vapeur et faites-les cuire 15 minutes au-dessus d'une grande casserole d'eau frémissante. Retirez la ficelle de cuisine et déposez chaque poisson sur sa feuille dans les assiettes. Nappez du reste de marinade, que vous aurez d'abord fait tiédir.

Marinade au citron et au piment doux Mélangez tous les ingrédients dans un bol.

Salade de concombre au crabe

Pour 2 personnes

Préparation 15 minutes

500 g de chair de crabe cuit émiettée
10 g de feuilles de coriandre fraîche hachées grossièrement
10 g de menthe fraîche hachée grossièrement
2 petits concombres (260 g) taillés en rubans
15 g de petites feuilles de mizuna

Sauce citronnée et pimentée
60 ml de jus de citron vert
1 c. à s. de sauce soja claire
1 long piment rouge frais haché finement
1 gousse d'ail écrasée

1. Préparez la sauce citronnée et pimentée.

2. Dans un récipient, mélangez délicatement le crabe avec les herbes et la sauce.

3. Répartissez les concombres sur les assiettes, ainsi que le crabe aux herbes et les feuilles de mizuna.

Sauce citronnée et pimentée Versez les ingrédients dans un shaker pour sauce à salade. Fermez puis secouez énergiquement.

Saumon sésame et coriandre

Pour 2 personnes

Préparation 10 minutes • Cuisson 10 minutes

4 c. à c. de graines de sésame
½ c. à c. de graines de coriandre
½ c. à c. de grains de poivre noir
2 pavés de saumon de 220 g chacun, sans la peau
½ c. à c. de gingembre frais râpé
2 petits piments rouges frais, épépinés et détaillés en lanières dans le sens de la longueur
2 mini-bok choy (120 g) coupés en quatre dans le sens de la longueur
2 c. à s. de sauce soja
4 c. à c. de jus de citron vert

1. Mélangez dans un sachet alimentaire solide les graines de sésame, la coriandre et le poivre noir. Écrasez-les grossièrement avec un rouleau à pâtisserie. Étalez ensuite ce mélange sur un des côtés des pavés de saumon, en pressant bien dessus.

2. Dans un wok chaud légèrement huilé, saisissez les pavés de saumon 1 minute sur la face recouverte d'épices, puis 1 minute sur l'autre face (retournez-les délicatement). Réservez au chaud entre 2 assiettes creuses.

3. Faites sauter le gingembre et les piments dans le wok, jusqu'à ce qu'ils embaument. Ajoutez les quartiers de bok choy, puis la sauce soja et le jus de citron vert. Laissez cuire jusqu'à ce que le chou soit tendre.

4. Dégustez le poisson avec le bok choy.

Moules à la thaïlandaise

Pour 4 personnes

Préparation 30 minutes • Cuisson 10 minutes

2 kg de grosses moules
2 c. à s. d'eau
80 ml de jus de citron vert
2 c. à s. de nuoc-mâm
1 piment rouge frais finement haché
20 g de blanc de citronnelle finement haché
1 gousse d'ail pilée
20 g de gingembre frais râpé
2 c. à c. de racines et de tiges de coriandre hachées
2 ciboules émincées
quelques feuilles de coriandre
quelques feuilles de basilic thaï
2 piments rouges coupés en fines lanières pour décorer

1. Grattez les moules sous l'eau froide et supprimez les barbes.

2. Mélangez l'eau, le jus de citron vert, le nuoc-mâm et le piment haché dans un bol.

3. Faites chauffer un grand faitout légèrement huilé et faites-y revenir la citronnelle, l'ail, le gingembre et les tiges et racines de coriandre. Ajoutez un peu d'eau si la préparation commence à attacher. Quand le mélange embaume, versez la sauce au citron vert et portez à ébullition. Jetez les moules dans la casserole, ramenez à ébullition puis baissez le feu. Couvrez et laissez frémir 5 minutes, en agitant vivement le faitout pour faire ouvrir les moules (jetez toutes celles qui sont restées fermées).

4. Répartissez les moules et le jus de cuisson dans des assiettes creuses, décorez de ciboule, de feuilles de coriandre et de basilic thaï, ainsi que de lanières de piment.

Calamars farcis à la truite fumée et au basilic

Pour 4 personnes

Préparation 20 minutes • Cuisson 10 minutes

1 petit oignon rouge
300 g de truite fumée grossièrement hachée
1 bouquet de basilic frais grossièrement découpé
8 petits corps de calamar vidés et nettoyés
100 g de roquette
1 poignée de feuilles de persil plat frais
1 bouquet de menthe fraîche grossièrement découpé
60 ml de vinaigre de vin blanc
2 citrons verts détaillés en 8 morceaux

1. Émincez la moitié de l'oignon et hachez grossièrement l'autre moitié.

2. Mélangez l'oignon haché, la truite fumée et la moitié du basilic puis farcissez-en les corps des calamars, jusqu'à 2 cm du bord environ. Fermez avec une pique en bois.

3. Faites cuire les calamars dans une grande poêle chaude légèrement huilée. Ils doivent être dorés et tendres.

4. Mettez dans un saladier la roquette, le persil, la menthe, l'oignon émincé et le reste du basilic. Versez dessus le vinaigre et remuez délicatement.

5. Découpez les calamars en deux puis disposez-les sur les assiettes. Garnissez de salade et de morceaux de citron.

Salade de thon

Pour 4 personnes

Préparation 5 minutes

125 g de thon au naturel en boîte
100 g de pousses d'épinard ou de roquette
1 c. à c. de petites câpres rincées et égouttées
200 g de tomates cerises coupées en deux
3 c. à c. d'aneth frais ciselé
2 c. à s. de jus de citron

1. Égouttez le thon. Mélangez-le avec les pousses d'épinard ou de roquette, les câpres, les tomates cerises et l'aneth.

2. Assaisonnez la salade de jus de citron.

Huîtres fraîches garnies

Pour 2 personnes

Préparation 20 minutes

gros sel pour la présentation
24 huîtres
1 c. à s. de ciboulette ciselée
2 c. à s. d'œufs de saumon
2 citrons verts coupés en quartiers

1. Tapissez de gros sel un plat de service. Ouvrez les huîtres et déposez-les sur le sel.

2. Saupoudrez les huîtres de ciboulette avant de les garnir d'œufs de saumon.

3. Servez avec les quartiers de citron vert.

Vous pouvez faire ouvrir les huîtres par votre écailler, à condition qu'il vous les prépare sur un lit de glace et que vous les dégustiez rapidement. Gardez-les au réfrigérateur, recouvertes de leur coquille, jusqu'au moment de les garnir et de les servir.

Lotte braisée au poivron et au gingembre

Pour 4 personnes

Préparation 10 minutes • Cuisson 20 minutes

1 petit poivron rouge (200 g) coupé en fines lamelles
1 oignon moyen (150 g) émincé
1 long piment rouge frais émincé
125 ml d'eau
10 g (2 cm) de gingembre frais râpé
1 c. à s. de sauce aux haricots noirs
4 filets de lotte de 150 g chacun

1. Dans une grande poêle antiadhésive légèrement huilée, faites revenir le poivron, l'oignon et le piment. Ajoutez l'eau, le gingembre et la sauce aux haricots noirs. Portez à ébullition.

2. Disposez les filets de lotte dans la poêle, sur le mélange de légumes. Réduisez le feu et laissez mijoter, à couvert, environ 15 minutes, jusqu'à ce que le poisson soit cuit.

3. Servez le poisson nappé de sauce. Vous pouvez l'accompagner de légumes verts asiatiques à la vapeur.

Colin grillé et tzatziki

Pour 4 personnes

Préparation 20 minutes • Cuisson 10 minutes

120 g de yaourt 0 %
1 petit concombre (130 g) émincé
½ c. à c. de cumin en poudre
1 c. à s. de menthe fraîche ciselée
250 g de tomates cerises coupées en deux
8 filets de colin de 160 g chacun

1. Préchauffez le gril du four.

2. Dans un bol, mélangez le yaourt, le concombre, la moitié du cumin et la menthe. Couvrez et placez au réfrigérateur.

3. Sur une plaque de cuisson légèrement huilée, disposez les tomates cerises et les filets de poisson. Saupoudrez les filets de poisson du cumin restant. Faites griller les tomates et le poisson 10 minutes environ, jusqu'à ce que le poisson soit cuit.

4. Servez accompagné du tzatziki.

Mille-feuilles de saumon fumé au fromage frais

Pour 6 personnes

Préparation 30 minutes • Réfrigération 1 heure

250 g de fromage frais 0 %
120 g de crème fraîche allégée
2 c. à s. de jus de citron
2 c. à s. d'aneth ciselé
2 c. à c. de câpres hachées
1 c. à c. de zeste de citron râpé finement
300 g de tranches de saumon fumé

1. Tapissez les 6 alvéoles d'un moule à muffins de film alimentaire.

2. Dans un saladier, fouettez le fromage frais, la crème fraîche et le jus de citron au batteur électrique. Quand la préparation est bien lisse, ajoutez l'aneth, les câpres et le zeste de citron.

3. Découpez 12 disques de 6 cm de diamètre et 12 autres disques de 7 cm de diamètre dans les tranches de saumon. Posez un petit disque de saumon dans le fond de chaque alvéole. Étalez 1 cuillerée à soupe de crème. Continuez ainsi, en finissant par le saumon.

4. Recouvrez le moule avec du film alimentaire et placez 1 heure au frais. Démoulez délicatement puis ôtez le film.

Daurade grillée à la sauce tomate épicée

Pour 4 personnes

Préparation 15 minutes • Cuisson 15 minutes

3 gousses d'ail pilées
3 échalotes finement hachées
425 g de tomates concassées en boîte
1 c. à s. de xérès sec
1 c. à s. de sauce soja
1 c. à c. de sambal oelek
4 filets de daurade de 200 g chacun
75 g de pousses d'épinard
2 c. à c. de vinaigre de vin rouge
2 c. à s. de jus de citron

1. Faites revenir l'ail et les échalotes 1 minute dans une poêle antiadhésive très légèrement huilée. Ajoutez les tomates avec leur jus, le xérès, la sauce soja et le sambal oelek. Portez à ébullition puis réduisez le feu et laissez frémir 10 minutes sans couvrir, pour que le liquide réduise de moitié.

2. Pendant ce temps, faites dorer le poisson 10 minutes dans une grande poêle chaude légèrement huilée.

3. Mettez les pousses d'épinard dans un saladier, avec le vinaigre et le jus de citron, et mélangez délicatement. Servez le poisson nappé de sauce. Disposez sur la même assiette la salade d'épinard.

Papillotes de poisson en feuilles de vigne et salade de tomate

Pour 4 personnes

Préparation 15 minutes • Cuisson 15 minutes

16 feuilles de vigne fraîches
4 pavés de poisson blanc à chair ferme de 120 g chacun (espadon, par exemple)

Salade de tomate
1 poivron rouge moyen (200 g)
4 tomates moyennes (600 g) coupées en morceaux
15 g de feuilles de persil plat
10 g de ciboulette grossièrement hachée
1 c. à s. de câpres rincées et égouttées
2 c. à s. de jus de citron

1. Lavez les feuilles de vigne. Trempez-les une par une dans une casserole d'eau bouillante salée, en les tenant avec une pince en métal. Rincez-les aussitôt à l'eau froide. Égouttez-les sur du papier absorbant.

2. Superposez légèrement 4 feuilles de vigne afin de former un rectangle assez grand pour contenir 1 pavé de poisson. Déposez le poisson puis repliez les feuilles tout autour. Disposez les papillotes dans un panier vapeur tapissé de papier sulfurisé. Faites cuire à la vapeur pendant 15 minutes environ, sur une casserole d'eau bouillante.

3. Pendant ce temps, préparez la salade de tomate.

4. Disposez les papillotes sur les assiettes. Écartez les feuilles de vigne pour laisser apparaître le poisson et recouvrez de salade de tomate.

Salade de tomate Coupez le poivron en quatre. Retirez les graines et les membranes. Faites noircir la peau du poivron sous le gril. Couvrez le poivron 5 minutes puis pelez-le et hachez-le grossièrement. Mélangez le poivron aux ingrédients restants, dans un saladier.

Filets de julienne aux tomates et aux anchois, sauce aux câpres

Pour 4 personnes

Préparation 15 minutes • Cuisson 15 minutes

4 filets de julienne de 200 g chacun
1 oignon moyen (150 g) émincé
2 gousses d'ail pilées
4 grosses tomates (600 g) pelées, épépinées
et grossièrement coupées
4 filets d'anchois dessalés finement hachés
1 c. à s. de câpres rincées et égouttées
1 bouquet de persil plat ciselé

1. Faites cuire les filets de poisson dans une grande poêle légèrement huilée, à découvert, jusqu'à ce qu'ils soient cuits à souhait.

2. Pendant ce temps, faites fondre l'oignon et l'ail dans une casserole légèrement huilée, en remuant. Ajoutez un peu d'eau si la préparation commence à attacher. Ajoutez les tomates et laissez cuire 1 minute de plus, toujours en remuant. Retirez du feu. Incorporez les anchois, les câpres et le persil.

3. Servez le poisson avec la sauce et des quartiers de citron. Proposez du mesclun en accompagnement.

Papillotes de poisson à l'indienne

Pour 4 personnes

Préparation 30 minutes • Cuisson 20 minutes

2 c. à c. de coriandre moulue
1 c. à c. de cumin moulu
1 c. à c. de graines de cumin
½ c. à c. de garam masala
4 petites daurades entières de 240 g chacune
2 c. à s. de jus de citron
2 feuilles de bananier
10 brins de coriandre fraîche
1 citron (140 g) coupé en fines tranches

1. Faites griller les épices à sec dans une poêle, à feu doux.

2. Retirez la tête des poissons. Entaillez leur partie la plus épaisse. Arrosez-les de jus de citron et frottez-les avec les épices.

3. Coupez 1 feuille de bananier en 4 carrés de 30 cm de côté. À l'aide d'une pince, plongez 1 carré à la fois dans une grande casserole d'eau bouillante et retirez-le aussitôt. Rincez-le à l'eau froide et essuyez-le avec du papier absorbant. Découpez l'autre feuille de bananier selon la taille de la poêle-gril.

4. Posez les carrés sur le plan de travail. Répartissez la coriandre et les tranches de citron sur chaque carré, puis posez les poissons sur le dessus. Repliez les feuilles de bananier pour former des papillotes. Fixez-les avec de la ficelle de cuisine.

5. Recouvrez la poêle-gril chaude de l'autre feuille de bananier. Disposez les papillotes dessus et faites cuire 20 minutes, en retournant à mi-cuisson. Servez le poisson dans les papillotes.

Les feuilles de bananier sont vendues en paquets dans les épiceries asiatiques. Vous pouvez les remplacer par du papier d'aluminium si vous n'en trouvez pas.

Bar au jambon cru

Pour 2 personnes

Préparation 15 minutes • Cuisson 20 minutes

2 petits bars vidés et écaillés
2 c. à c. de zeste de citron râpé
1 gousse d'ail coupée en tranches fines
1 grosse poignée de persil plat ciselé
6 tranches fines de jambon cru (90 g)
1 c. à c. de câpres égouttées et hachées

1. Préchauffez le four à 220 °C. Farcissez les poissons d'un mélange de zeste de citron, d'ail et de persil. Enveloppez-les dans les tranches de jambon cru.

2. Déposez-les sur une plaque de cuisson tapissée de papier d'aluminium et faites-les cuire 15 minutes au four. Garnissez-les de câpres et replacez-les pour 5 minutes au four.

3. Servez le poisson avec des quartiers de citron.

Papillotes de perche au gingembre et aux feuilles de kaffir

Pour 4 personnes

Préparation 5 minutes • Cuisson 15 minutes

4 filets de perche de 180 g chacun
3 ciboules émincées
25 g (5 cm) de gingembre frais
coupé en tranches fines
4 feuilles de citronnier kaffir émincées

1. Préchauffez le four à 180 °C.

2. Placez chaque filet de perche dans une grande feuille de papier d'aluminium ou de papier cuisson légèrement huilée. Répartissez dessus les ciboules, le gingembre et les feuilles de kaffir. Regroupez les coins et fermez les papillotes.

3. Enfournez les papillotes sur une plaque pour 15 minutes environ, le temps de cuire les poissons.

4. Retirez les poissons des papillotes et jetez les aromates. Servez les poissons accompagnés de quartiers de citron vert.

Papillotes de poisson aux tomates et aux herbes

Pour 4 personnes

Préparation 15 minutes • Cuisson 15 minutes

4 filets de poisson blanc à chair ferme
de 100 g chacun
125 g de tomates cerises coupées en deux
1 c. à s. de câpres rincées et égouttées
4 branches de thym
2 c. à s. de vinaigre balsamique blanc
roquette pour servir

1. Préchauffez le four à 200 °C.

2. Posez les filets de poisson sur 4 carrés de papier sulfurisé ou de papier d'aluminium de 20 cm de côté. Répartissez les tomates, les câpres, le thym et le vinaigre sur les poissons. Repliez le papier sulfurisé ou le papier d'aluminium sur les poissons pour fermer les papillotes.

3. Mettez les papillotes sur une plaque de cuisson. Faites-les cuire 15 minutes au four. Sortez-les et laissez-les reposer 5 minutes avant de servir.

4. Servez avec une salade de roquette.

Papillotes de vivaneau pimenté en feuille de bananier

Pour 4 personnes

Préparation 30 minutes • Réfrigération 1 heure • Cuisson 30 minutes

4 petits vivaneaux entiers de 220 g chacun
1 feuille de bananier
1 piment rouge thaï frais coupé en fines tranches
4 feuilles de citronnier kaffir coupées en fines lanières
2 ciboules émincées
2 tiges de citronnelle (40 g)

Sauce au citron vert et au piment
60 ml de sauce au piment douce
2 c. à s. de nuoc-mâm
2 c. à s. de jus de citron vert
1 gousse d'ail écrasée

1. Préparez la sauce au citron vert et au piment.

2. Retirez la tête des poissons. Réalisez des entailles dans la partie la plus épaisse des poissons. Mettez-les sur un grand plat. Arrosez-les avec la moitié de la sauce au citron vert et au piment. Couvrez et placez au réfrigérateur pour 1 heure.

3. Coupez la feuille de bananier en 4 carrés de 30 cm de côté. À l'aide d'une pince, plongez 1 carré à la fois dans une grande casserole d'eau bouillante et retirez-le aussitôt. Rincez-le à l'eau froide et essuyez-le avec du papier absorbant.

4. Mélangez le piment, les feuilles de kaffir et les ciboules dans un saladier. Coupez la citronnelle en deux dans le sens de la longueur, puis en deux dans le sens de la largeur.

5. Posez les carrés sur le plan de travail. Disposez 2 morceaux de citronnelle au centre de chaque feuille. Recouvrez avec les poissons. Répartissez le piment et les herbes sur les poissons. Repliez les feuilles de bananier pour former des papillotes. Fixez-les avec de la ficelle de cuisine.

6. Faites cuire 2 papillotes côte à côte dans un panier vapeur en bambou posé sur une grande casserole d'eau bouillante, pendant 15 minutes environ. Recommencez avec les papillotes restantes.

7. Servez le poisson dans les papillotes. Arrosez avec le reste de sauce.

Sauce au citron vert et au piment Mélangez les ingrédients dans un shaker pour sauce à salade, fermez et secouez bien.

Les feuilles de bananier sont vendues en paquets dans les épiceries asiatiques. Vous pouvez les remplacer par du papier d'aluminium si vous n'en trouvez pas.

Papillotes de vivaneau au fenouil et au citron

Pour 4 personnes

Préparation 20 minutes • Cuisson 20 minutes

1 bulbe de fenouil moyen (300 g)
 coupé en fines tranches
 + quelques petites feuilles
4 filets de vivaneau de 100 g chacun
1 citron moyen (140 g)
 coupé en fines tranches
4 brins de cerfeuil
salade verte pour servir

1. Préchauffez le four à 200 °C.

2. Faites cuire le fenouil à feu moyen en remuant pendant 5 minutes environ, dans une poêle légèrement huilée. Ajoutez un peu d'eau si le fenouil commence à attacher.

3. Répartissez le fenouil et les feuilles de fenouil sur 4 carrés de papier sulfurisé ou de papier d'aluminium de 20 cm de côté. Disposez le poisson sur le fenouil, recouvrez de tranches de citron. Repliez le papier sulfurisé ou le papier d'aluminium sur le poisson pour fermer les papillotes.

4. Mettez les papillotes sur une plaque de cuisson. Faites-les cuire 15 minutes au four. Sortez-les du four et laissez-les reposer 5 minutes avant de servir. Décorez de brins de cerfeuil.

5. Servez avec une salade verte.

Salade de poisson à la cajun

Pour 4 personnes

Préparation 15 minutes • Cuisson 10 minutes

1 c. à s. de mélange d'épices cajun
½ c. à c. de gros sel
2 filets de poisson blanc à chair ferme de 200 g chacun
2 petits concombres (260 g) épépinés et coupés en fines tranches
150 g de pois gourmands équeutés et coupés en deux dans le sens de la longueur
100 g d'un mélange de légumes verts asiatiques
15 g de feuilles de coriandre
10 g de feuilles de menthe
1 ciboule émincée

Sauce au yaourt

140 g de yaourt nature 0 %
2 c. à s. de jus de citron

1. Mélangez les épices et le sel dans un saladier. Recouvrez le poisson de ce mélange.

2. Faites chauffer une poêle antiadhésive très légèrement huilée. Faites cuire le poisson à feu moyen, 5 minutes de chaque côté. Couvrez et laissez reposer 5 minutes. Émiettez le poisson à l'aide de 2 fourchettes.

3. Préparez la sauce au yaourt.

4. Mélangez les concombres, les pois gourmands, les légumes verts asiatiques, les herbes et la ciboule dans un saladier. Au moment de servir, disposez le poisson sur la salade et versez la sauce au yaourt.

Sauce au yaourt Mélangez les ingrédients dans un bol.

Vous pouvez utiliser le poisson blanc à chair ferme de votre choix pour cette recette. Pour le mélange de légumes verts asiatiques, vous pouvez utiliser des petits bok choy, des choux chinois, des gai lan et des liserons d'eau. Vous les trouverez dans les épiceries asiatiques. Sinon, vous pouvez aussi utiliser du mesclun.

Poulpes grillés et salade de tomate

Pour 4 personnes

Préparation 15 minutes • Cuisson 10 minutes

600 g de petits poulpes
1 c. à c. de zeste de citron finement râpé
2 c. à s. de jus de citron
2 c. à c. d'origan frais finement haché
1 gousse d'ail écrasée
½ c. à c. de poivre noir concassé

Salade de tomate

4 tomates moyennes (600 g), épépinées et grossièrement hachées
2 petits concombres (260 g) grossièrement hachés
1 petit oignon rouge (100 g) finement haché
1 petit poivron vert (150 g) grossièrement haché
1 c. à s. d'origan frais grossièrement haché
1 c. à s. de vinaigre de cidre

1. Préparez la salade de tomate.

2. Mélangez les poulpes, le zeste et le jus de citron, l'origan, l'ail et le poivre dans un saladier.

3. Faites chauffer une poêle-gril très légèrement huilée. Faites cuire les poulpes en les retournant de temps en temps.

4. Servez les poulpes avec la salade de tomate et des quartiers de citron, si vous le souhaitez.

Salade de tomate Mélangez les ingrédients dans un saladier.

Brochettes de saumon cru à la sauce thaïe

Pour 24 brochettes

Préparation 30 minutes • Réfrigération 3 heures

250 ml de jus de citron
60 ml de jus de citron vert
1 c. à c. de nuoc-mâm
1 poignée de menthe fraîche ciselée
1 poignée de coriandre fraîche ciselée
2 courgettes moyennes (240 g)
400 g de filet de saumon sans la peau

1. Préparez une marinade avec le jus de citron, le jus de citron vert, le nuoc-mâm et les herbes.

2. Ôtez le bout des courgettes et détaillez ces dernières en 24 rubans fins (utilisez un épluche-légumes).

3. Retirez les arêtes du saumon et coupez le filet en 24 fines lamelles. Couvrez chaque lamelle d'un ruban de courgette puis piquez-les ensemble, en accordéon, sur des brochettes.

4. Déposez les brochettes dans un grand plat peu profond. Arrosez-les de marinade, couvrez et réfrigérez 3 heures (ou toute une nuit), en les retournant de temps en temps.

5. Présentez les brochettes dans un autre plat, en les nappant d'un peu de marinade.

Œufs

Frittata aux asperges et à la roquette

Pour 2 personnes

Préparation 5 minutes • Cuisson 15 minutes

1 petit oignon rouge (100 g) émincé
170 g d'asperges parées et coupées en tronçons de 2 cm
2 œufs
2 blancs d'œufs
2 c. à s. de fromage frais 0 %
40 g de feuilles de roquette
2 c. à s. de jus de citron
2 c. à c. de câpres égouttées et rincées

1. Préchauffez le gril du four.

2. Faites revenir l'oignon 1 minute dans une poêle antiadhésive légèrement huilée. Ajoutez les asperges et faites-les sauter 2 minutes.

3. Pendant ce temps, mélangez les œufs, les blancs d'œufs et le fromage frais dans un saladier. Versez le mélange dans la poêle et faites cuire 5 minutes à découvert, jusqu'à ce que le dessous de la frittata soit doré.

4. Mettez la poêle sous le gril du four pour 5 minutes, pour terminer la cuisson.

5. Mélangez le reste des ingrédients dans un saladier. Servez la frittata avec la salade.

Si la poignée de votre poêle n'est pas conçue pour résister à la chaleur, recouvrez-la de papier d'aluminium avant de la placer sous le gril.

Flan à la tomate, à la courgette et à l'origan

Pour 2 personnes

Préparation 10 minutes • Cuisson 35 minutes

125 g de tomates cerises
1 œuf
3 blancs d'œufs
65 g de fromage frais 0 %
1 gousse d'ail pilée
1 petite courgette (90 g) râpée grossièrement
2 c. à s. de feuilles d'origan hachées
30 g de pousses d'épinard

1. Préchauffez le four à 200 °C. Chemisez de papier sulfurisé un moule à cake de 8 x 21 cm.

2. Faites cuire les tomates cerises 10 minutes dans le moule.

3. Pendant ce temps, mélangez l'œuf, les blancs d'œufs, le fromage frais et l'ail dans un saladier.

4. Sortez le moule du four et baissez la température à 160 °C.

5. Répartissez la courgette et l'origan sur les tomates, versez dessus la préparation aux œufs. Faites cuire 25 minutes, jusqu'à ce que la préparation soit ferme.

6. Servez ce flan avec les pousses d'épinard.

Ce flan se consomme chaud ou froid et peut être préparé la veille. Gardez-le au réfrigérateur.

Frittata de légumes et salade d'épinard

Pour 4 personnes

Préparation 15 minutes • Cuisson 25 minutes

6 œufs
125 ml de lait écrémé
1 blanc de poireau coupé en tranches fines
80 g de petits pois
300 g de tomates coupées en tranches fines

Salade d'épinard
80 g de pousses d'épinard
250 g de tomates poires jaunes coupées en deux
½ oignon rouge (75 g) émincé
2 c. à s. de jus de citron
1 c. à c. de vinaigre balsamique

1. Préchauffez le gril du four. Battez les œufs avec le lait. Faites revenir le poireau dans une poêle antiadhésive, avec un peu d'eau. Ajoutez les petits pois, les tranches de tomate et les œufs. Laissez cuire à feu doux sans couvrir.

2. Quand l'omelette est presque ferme, passez-la 5 minutes sous le gril du four pour qu'elle dore. Laissez-la reposer quelques minutes avant de la découper.

3. Préparez la salade d'épinard.

4. Servez la salade avec la frittata.

Salade d'épinard Mélangez dans un saladier les pousses d'épinard, les tomates jaunes et l'oignon. Mélangez le jus de citron et le vinaigre dans un bol, versez cette sauce sur la salade et remuez.

Vous pouvez garnir la frittata de légumes de votre choix. Le secret de la réussite est de laisser cuire les œufs à feu doux, en terminant la cuisson au four pour que le dessus dore légèrement. Vous pouvez la servir chaude ou froide.

Œufs cocotte

Pour 2 personnes

Préparation 10 minutes • Cuisson 20 minutes

½ petit poivron rouge (75 g) coupé en dés
5 tranches de viande des Grisons (45 g) détaillées en allumettes
50 g de champignons de Paris coupés en tranches fines
2 ciboules émincées
4 œufs
2 c. à c. de persil plat frais grossièrement découpé

1. Préchauffez le four à 200 °C et huilez légèrement 2 ramequins de 180 ml.

2. Faites revenir le poivron et la viande des Grisons à feu vif, en remuant de temps en temps. Quand le poivron est juste tendre, ajoutez les champignons et les ciboules et laissez cuire encore quelques minutes.

3. Répartissez cette préparation dans les ramequins et brisez 2 œufs sur chaque portion. Faites cuire au four 5 minutes sans couvrir.

4. Saupoudrez de persil juste avant de servir.

Frittata aux petits pois et à la carotte

Pour 4 personnes

Préparation 15 minutes • Cuisson 20 minutes

80 g de petits pois écossés
1 poivron jaune (150 g) coupé en lanières
1 grosse carotte (180 g) grossièrement râpée
12 blancs d'œufs
120 g de crème fraîche allégée
1 bouquet de basilic ciselé

1. Dans une poêle antiadhésive légèrement huilée, faites revenir les petits pois, le poivron et la carotte en remuant, jusqu'à ce qu'ils soient tendres.

2. Battez les blancs d'œufs et la crème fraîche dans un récipient puis ajoutez le basilic.

3. Versez cette préparation sur les légumes et laissez cuire 10 minutes à feu doux, jusqu'à ce que la frittata soit ferme.

4. Transférez la frittata dans un plat allant au four et faites-la dorer sous le gril du four. Servez chaud ou tiède.

Œufs brouillés aux asperges

Pour 2 personnes

Préparation 5 minutes • Cuisson 10 minutes

170 g d'asperges parées
2 œufs
2 blancs d'œufs
2 c. à s. de lait écrémé
1 petite tomate (90 g) coupée en dés
2 c. à s. de persil plat ciselé

1. Faites cuire les asperges à l'eau, à la vapeur ou au micro-ondes, puis égouttez-les.

2. Pendant ce temps, battez les œufs, les blancs d'œufs et le lait dans un petit saladier. Faites cuire la préparation dans une poêle antiadhésive légèrement huilée, à feu doux, en remuant. Les œufs doivent être moelleux.

3. Pour servir, garnissez les œufs et les asperges de tomate et de persil.

Pour préparer des œufs brouillés, faites-les cuire à feu doux, en remuant délicatement : ils doivent être moelleux. Si vous les cuisez trop, leur consistance deviendra ferme. Consommez-les aussitôt pour éviter qu'ils ne se liquéfient.

Omelette aux champignons et au poivron

Pour 4 personnes

Préparation 15 minutes • Cuisson 15 minutes

1 poivron rouge (150 g) émincé
200 g de champignons de Paris émincés
2 c. à s. de ciboulette ciselée
8 œufs
1 c. à s. de lait écrémé
4 ciboules émincées

1. Faites revenir le poivron, les champignons et la ciboulette dans une poêle antiadhésive légèrement huilée, pendant 4 minutes. Ajoutez un peu d'eau si la préparation commence à attacher. Quand le mélange est cuit, gardez-le au chaud. Réservez la poêle sans l'essuyer : elle servira pour faire cuire l'omelette.

2. Cassez les œufs dans un saladier puis battez-les bien avant d'ajouter le lait et les ciboules.

3. Faites chauffer la poêle que vous avez utilisée pour faire revenir les légumes, puis versez les œufs battus dedans. Inclinez la poêle en tous sens pour bien répartir les œufs puis laissez cuire 4 minutes sans remuer. Quand les bords sont pris, étalez délicatement le mélange champignons-poivron sur la moitié de l'omelette et rabattez l'autre moitié dessus, à l'aide d'une spatule.

4. Dégustez aussitôt.

Salade de céleri aux œufs

Pour 4 personnes

Préparation 10 minutes • Cuisson 10 minutes

1 branche de céleri (150 g) parée et taillée en allumettes
¼ de petit oignon rouge (25 g) émincé
20 g de persil plat frais haché grossièrement
4 petites feuilles de laitue, ciselées
4 œufs durs émiettés finement
1 c. à s. de jus de citron
1 c. à c. de vinaigre balsamique

1. Dans un saladier, mélangez le céleri, l'oignon et le persil. Répartissez la laitue et les œufs sur les assiettes. Ajoutez la préparation au céleri.

2. Mélangez le jus de citron et le vinaigre balsamique. Arrosez-en la salade et servez.

Légumes d'accompagnement

Beignets de courgette et tzatziki

Pour 8 personnes

Préparation 20 minutes • Réfrigération 4 heures • Cuisson 20 minutes

4 courgettes moyennes (480 g) grossièrement râpées
1 c. à c. de sel
1 oignon moyen (150 g) émincé
50 g de chapelure
2 œufs battus
1 c. à s. d'origan frais ciselé
1 c. à s. de menthe fraîche ciselée

Tzatziki
560 g de yaourt 0 %
1 petit concombre (130 g)
1 gousse d'ail pilée
2 c. à s. de menthe fraîche ciselée
2 c. à s. de jus de citron
½ c. à c. de sel de mer

1. Préparez le tzatziki.

2. Mélangez les courgettes et le sel dans un saladier. Laissez dégorger 15 minutes puis pressez pour enlever le maximum de liquide. Mélangez les courgettes, l'oignon, la chapelure, les œufs, l'origan et la menthe.

3. Faites chauffer une grande poêle antiadhésive légèrement huilée et faites-y revenir le mélange par cuillerées, en plusieurs tournées, en aplatissant légèrement, jusqu'à ce que les beignets soient dorés des deux côtés et cuits. Égouttez sur du papier absorbant et couvrez pour les garder chauds.

4. Servez les beignets avec du tzatziki.

Tzatziki Couvrez une passoire de papier absorbant et placez-la au-dessus d'un saladier. Mettez le yaourt dans la passoire, couvrez et placez-le au réfrigérateur pour 4 heures. Jetez le liquide obtenu. Coupez le concombre en deux dans le sens de la longueur et épépinez-le. Râpez-le avec la peau, pressez pour retirer le maximum de jus. Mélangez le concombre, le yaourt, l'ail, la menthe, le jus de citron et le sel dans un bol.

Asperges grillées à la tomate

Pour 1 personne

Préparation 20 minutes • Cuisson 15 minutes

2 c. à s. de jus de citron
1 tomate moyenne (90 g) coupée en petits dés
1 gousse d'ail écrasée
1 c. à s. de basilic frais ciselé
1 c. à s. de persil plat ciselé
125 g d'asperges vertes
25 g de frisée
25 g de roquette

1. Portez le jus de citron à ébullition dans une petite casserole, avec la tomate et l'ail. Laissez mijoter 2 minutes sans couvrir. Ajoutez les herbes hors du feu.

2. Faites dorer les asperges sur un gril chaud légèrement huilé.

3. Dressez la frisée et la roquette sur une assiette, ajoutez les asperges et la tomate tiède.

Champignons grillés aux tomates et au basilic

Pour 4 personnes

Préparation 15 minutes • Cuisson 5 minutes

4 champignons à farcir (320 g)
4 tomates moyennes (600 g) épépinées et coupées en petits morceaux
2 c. à c. de vinaigre balsamique
2 gousses d'ail écrasées
40 g de basilic frais ciselé

Sauce au vinaigre balsamique
50 ml de jus de citron
1 c. à s. de vinaigre balsamique

1. Dans un saladier, mélangez les champignons, les tomates, le vinaigre et l'ail.

2. Faites cuire les champignons et les tomates dans une poêle-gril huilée bien chaude, jusqu'à ce qu'ils soient légèrement dorés.

3. Pendant ce temps, préparez la sauce au vinaigre balsamique.

4. Déposez 1 champignon sur chaque assiette. Répartissez les tomates puis le basilic sur les champignons. Arrosez de sauce.

Sauce au vinaigre balsamique Versez le jus de citron et le vinaigre dans un shaker pour sauce à salade. Fermez puis secouez énergiquement.

Petits pois à la menthe

Pour 4 personnes

Préparation 5 minutes • Cuisson 10 minutes

350 g de petits pois frais écossés
40 ml de jus de citron
1 c. à s. de menthe fraîche finement hachée
1 c. à s. de zeste de citron finement râpé

1. Faites cuire les petits pois à l'eau, à la vapeur ou au micro-ondes. Égouttez-les.

2. Pendant ce temps, mélangez les autres ingrédients dans un bol.

3. Assaisonnez les petits pois de jus de citron à la menthe.

Pâtissons et courgettes, sauce au poireau

Pour 4 personnes

Préparation 10 minutes • Cuisson 15 minutes

8 minipâtissons jaunes (240 g) coupés en quatre
12 minicourgettes

Sauce au poireau
1 petit poireau (200 g) coupé en fines rondelles
2 c. à s. de jus de citron
1 c. à s. de vinaigre de riz
2 c. à c. de thym citron ou de thym

1. Préparez la sauce au poireau.

2. Mettez les pâtissons et les courgettes dans un panier vapeur tapissé de papier sulfurisé et faites-les cuire à la vapeur sur une casserole d'eau bouillante, à feu moyen, pendant 5 minutes environ.

3. Au moment de servir, nappez les légumes de la sauce au poireau.

Sauce au poireau Faites cuire le poireau dans une poêle antiadhésive légèrement huilée, pendant 10 minutes, en remuant. Ajoutez un peu d'eau si nécessaire. Retirez du feu et ajoutez les autres ingrédients.

Légumes vapeur à l'asiatique

Pour 4 personnes

Préparation 10 minutes • Cuisson 5 minutes

300 g de gai lan coupés en tronçons de 5 cm
1 poivron rouge moyen (200 g) coupé en lanières
1 grosse carotte (180 g) coupée en rondelles
150 g de pois gourmands équeutés
2 c. à s. de sauce soja claire
5 g (1 cm) de gingembre râpé
1 petit piment rouge thaï finement haché
1 c. à c. de jus de citron vert

1. Mettez les gai lan, le poivron et la carotte dans un panier vapeur. Faites cuire à la vapeur sur une casserole d'eau bouillante, pendant 3 minutes environ. Ajoutez les pois gourmands et faites cuire 2 minutes de plus.

2. Pendant ce temps, mélangez les ingrédients restants dans un shaker pour sauce à salade, fermez puis secouez bien.

3. Au moment de servir, versez la sauce sur les légumes.

Légumes braisés à la gremolata

Pour 4 personnes

Préparation 15 minutes • Cuisson 50 minutes

2 gousses d'ail pilées
700 g de panais coupés en tranches épaisses
350 g de carottes coupées en morceaux
450 g de navets grossièrement coupés
250 ml de bouillon de légumes
500 g de betteraves coupées en quartiers
60 ml de jus de citron

Gremolata
1 bouquet de persil plat ciselé
1 c. à s. de zeste de citron râpé
1 gousse d'ail pilée

1. Préchauffez le four à 200 °C. Faites revenir l'ail dans une sauteuse antiadhésive légèrement huilée. Ajoutez les panais, les carottes et les navets. Laissez-les dorer quelques minutes puis versez le bouillon. Couvrez et laissez frémir 40 minutes après l'ébullition.

2. Pendant que les légumes cuisent, faites rôtir les betteraves au four pendant 40 minutes.

3. Préparez la gremolata.

4. Versez le jus de citron sur les betteraves, ajoutez les légumes, remuez délicatement. Servez avec la gremolata.

Gremolata Mélangez le persil, le zeste de citron et l'ail dans un bol.

Champignons rôtis au fromage frais

Pour 2 personnes

Préparation 5 minutes • Cuisson 15 minutes

4 gros champignons à farcir (320 g)
120 g de fromage frais 0 %
2 c. à s. de persil plat ciselé
2 ciboules finement hachées
1 gousse d'ail pilée

1. Préchauffez le four à 200 °C.

2. Posez les champignons à l'envers sur une plaque de cuisson, puis faites-les cuire 15 minutes à découvert.

3. Pendant ce temps, mélangez le reste des ingrédients dans un petit saladier.

4. Garnissez les champignons de préparation au fromage frais puis servez.

Salade de chou au poivron

Pour 1 personne

Préparation 20 minutes

1 petite carotte (70 g)
40 g de chou vert coupé en fines lanières
40 g de chou rouge coupé en fines lanières
½ petit poivron jaune (75 g) coupé en fines lanières
40 g de germes de soja
2 ciboules coupées en fines lamelles
1 petite poignée de coriandre fraîche

Sauce au citron vert et à l'ail
60 ml de jus de citron vert
1 gousse d'ail écrasée
1 c. à c. de vinaigre balsamique

1. Détaillez la carotte en rubans à l'aide d'un économe. Mettez-la dans un saladier avec le chou vert, le chou rouge, le poivron, les germes de soja, les ciboules et la coriandre.

2. Préparez la sauce au citron vert et à l'ail.

3. Versez la sauce sur la salade, remuez puis servez.

Sauce au citron vert et à l'ail Mélangez le jus de citron vert, l'ail et le vinaigre dans un petit bol.

Salade d'aubergines, tomates et persil

Pour 4 personnes

Préparation 15 minutes • Cuisson 5 minutes

2 grosses aubergines (1 kg)
  coupées en tranches de 1 cm d'épaisseur
2 grosses tomates (440 g)
  coupées en tout petits dés
20 g de persil plat grossièrement haché

Sauce au yaourt et à la menthe
140 g de yaourt nature 0 %
2 c. à s. d'eau
2 c. à s. de menthe fraîche finement hachée

1. Faites chauffer une poêle-gril très légèrement huilée. Faites griller les tranches d'aubergine, 2 minutes de chaque côté.

2. Pendant ce temps, préparez la sauce au yaourt et à la menthe.

3. Répartissez les aubergines, les tomates et le persil sur les assiettes. Nappez de sauce au yaourt et à la menthe.

Sauce au yaourt et à la menthe Mélangez les ingrédients dans un bol.

Légumes grillés

Pour 1 personne

Préparation 10 minutes • Cuisson 20 minutes

1 petit bulbe de fenouil (160 g)
1 tomate olivette (90 g) coupée en deux dans le sens de la longueur
½ poivron rouge (75 g) coupé en morceaux
½ courgette (45 g) coupée en tranches dans le sens de la longueur
1 petite aubergine (60 g) coupée en rondelles larges
1 c. à s. de persil plat haché

1. Préchauffez le four à 200 °C. Réservez les feuilles du fenouil. Tranchez le bulbe en lamelles fines.

2. Disposez les légumes sur une plaque de cuisson légèrement huilée. Faites-les rôtir 20 minutes sans couvrir. Ajoutez la moitié du persil.

3. Dressez les légumes grillés sur une assiette. Nappez-les de jus de cuisson. Pour servir, saupoudrez-les du persil restant et des feuilles de fenouil ciselées.

Glossaire

ANCHOIS dessalez les anchois avant utilisation, en les faisant tremper 30 minutes dans un saladier d'eau froide.

BOK CHOY également appelé pak choï, blette chinoise ou chou blanc. Chou au goût frais, légèrement moutardé. Les tiges et les feuilles peuvent être cuisinées, sautées ou braisées.

BOUILLON pour dégraisser un bouillon de bœuf ou de poule, laissez-le refroidir puis retirez la graisse figée sur la surface.

BROCOLI CHINOIS légume vert à longues feuilles. On peut le remplacer par des blettes.

CAJUN (ÉPICES) mélange d'épices composé de thym, d'oignon séché, d'ail, de paprika, d'origan, de poivre noir, de moutarde, de piment fort, de cumin. Si vous n'en trouvez pas, remplacez-le par du piment en poudre.

CANNELLE écorce séchée des tiges du cannelier ; se présente sous forme de bâton ou de poudre. Utilisée entière ou moulue, cette épice est très parfumée et délicatement sucrée.

CÂPRE bouton à fleur du câprier, que l'on confit dans le vinaigre pour servir d'assaisonnement ou de condiment.

CARDAMOME en gousse, en graines ou en poudre. Saveur caractéristique, très parfumée, poivrée et douce à la fois. Originaire de l'Inde. Si vous l'utilisez entière, écrasez légèrement la gousse pour libérer son parfum.

CHAMPIGNONS

à farcir gros champignon plat.

enoki champignon asiatique formé d'un minuscule chapeau blanc et d'un long pied. Il est vendu en touffe.

pleurote champignon plat à la saveur douce.

shiitaké champignon parfumé. Bien que cultivé, il conserve le parfum d'un champignon sauvage.

CHAPELURE mie de pain rassis broyée en poudre fine.

CHOY SUM aussi appelé bok choy à fleurs ; toutes les parties sont comestibles.

CIBOULETTE plante de la famille de l'oignon et du poireau, à la subtile saveur d'oignon.

CINQ-ÉPICES mélange parfumé de cannelle, clous de girofle, anis étoilé, poivre du Sichuan et graines de fenouil.

CITRONNELLE herbe longue, touffue, au goût et à l'odeur de citron. On hache l'extrémité blanche des tiges. Utilisée dans de nombreuses cuisines asiatiques. Les tiges peuvent être employées comme support pour des brochettes de poisson ou de viande blanche.

CORIANDRE on utilise les feuilles, les racines ou les graines, qui n'ont pas du tout le même goût. Il ne faut jamais remplacer des graines ou de la coriandre moulue par de la coriandre fraîche et vice versa, car leurs saveurs sont très différentes.

CRÈME FRAÎCHE nous utilisons uniquement de la crème fraîche allégée.

CUMIN graine petite et allongée, de couleur jaune pâle ou brun clair, présentant une saveur âcre et aromatique. Elle peut être utilisée entière ou moulue.

CURRY mélange d'épices moulues couramment utilisé dans la cuisine indienne. Comporte, dans des proportions très variables selon les recettes, du piment séché, de la cannelle, de la coriandre, du cumin, du fenouil, du fenugrec, du macis, de la cardamome et du curcuma.

FEUILLE DE BANANIER vendue en paquets dans les épiceries asiatiques. Remplacez-la par du papier d'aluminium si vous n'en trouvez pas.

FEUILLE DE VIGNE si vous ne trouvez pas de feuilles de vigne fraîches, vous pouvez acheter des feuilles de vigne en saumure vendues sous vide dans les épiceries orientales ou grecques. Rincez-les soigneusement à l'eau froide et essuyez-les avec du papier absorbant avant de les utiliser.

FROMAGE FRAIS nous utilisons uniquement du fromage frais 0 %.

GAI LAN appelé aussi brocoli chinois ; la partie la plus savoureuse est la tige.

GINGEMBRE rhizome d'une plante tropicale vendu en tubercules de 4 à 10 cm de long. S'utilise épluché et râpé ou détaillé en tranches ou en bâtonnets. On le trouve également moulu, mais sa saveur est moins relevée.

KAFFIR (CITRONNIER) originaire d'Afrique du Sud et de l'Asie du Sud-Est. Petit citronnier qui donne des fruits jaune-vert à l'écorce ridée. On utilise essentiellement ses feuilles, très aromatiques, qu'il convient de découper en fines lanières. Très employé dans la cuisine thaïe.

KECAP MANIS sauce soja indonésienne, épaisse et sucrée, dans laquelle ont été ajoutés du sucre et des épices.

LAIT nous utilisons uniquement du lait écrémé (0,3 % de matières grasses).

MESCLUN mélange de jeunes feuilles de salade : laitue, roquette, feuille de chêne, pourpier, trévise, mâche…

MIRIN vin de cuisine japonais. À ne pas confondre avec du saké.

MIZUNA salade japonaise aux feuilles vertes frisées et au goût subtil de moutarde.

MOUTARDES

à l'ancienne moutarde très parfumée, avec des graines concassées.

de Dijon jaune, lisse et assez piquante.

NUOC-MÂM sauce à base de poisson fermenté et salé (généralement des anchois). Très odorante, elle a un goût marqué. Il en existe des plus ou moins fortes.

OIGNONS

ciboule oignon cueilli avant la formation du bulbe, dont on mange la tige verte.

de printemps bulbe blanc relativement doux aux longues feuilles vertes et croustillantes.

jaune oignon à chair piquante ; utilisé dans toutes sortes de plats.

rouge plus doux que les oignons blancs ou jaunes, il est délicieux cru dans les salades.

PAPRIKA piment doux séché et moulu. Existe en version douce ou forte.

PÂTE DE CURRY TIKKA mélange d'épices indien originaire du Rajasthan, composé de piment en poudre, de coriandre, de cumin, de gingembre, de curcuma, de graines d'anis, de fenugrec, de girofle et de cannelle.

PÂTISSON courge ronde et aplatie à bords festonnés, jaune à vert pâle ou beige. Cueilli jeune, il a une chair ferme et parfumée.

PIMENTS il en existe toutes sortes de variétés, tant fraîches que sèches. Plus un piment est petit, plus il est fort. Mettez des gants en caoutchouc quand vous les épépinez et les coupez, car ils peuvent brûler la peau. En enlevant graines et membranes, vous les rendez moins forts.

piment moulu à utiliser faute de piments frais, à raison de ½ cuillerée à café de piment moulu pour 1 piment frais moyen haché.

piment thaï petit piment frais allongé, rouge ou vert ; très fort.

POIS GOURMAND ou pois mange-tout. Il est très tendre et cuit très rapidement. Les germes de pois gourmands se consomment en salade.

POUSSE DE BAMBOU pousse tendre du bambou, disponible en conserve ; rincez-le et égouttez-le avant d'utiliser.

ROQUETTE salade verte à saveur poivrée.

SAMBAL OELEK condiment d'origine indonésienne, composé de piments broyés, de sel, de vinaigre et de diverses épices.

SAUCES

aux prunes sauce épaisse aigre-douce, à base de prunes, de vinaigre, de sucre, de gingembre, de piment et d'épices.

aux huîtres sauce brune épaisse obtenue en faisant mijoter des huîtres dans de la sauce soja, avec du sel et de l'amidon.

au piment douce sauce peu épicée, de type thaï, composée de piments, de sel et de vinaigre.

au piment épicée variété chinoise composée de piments, de sel et de vinaigre.

soja elle est composée d'un mélange de haricots de soja, de blé et d'eau qu'on laisse fermenter ; il en existe plusieurs variantes, plus ou moins concentrées ou agrémentées d'autres ingrédients.

SÉSAME graine ovale, noire ou blanche, provenant d'une plante tropicale appelée *Sesamum indicum*. Bonne source de calcium. Pour faire griller les graines, étalez-les dans une poêle antiadhésive et remuez brièvement, à feu doux.

VIANDE DES GRISONS charcuterie suisse, spécialité du canton des Grisons. Elle est faite à partir de viande de bœuf séchée, à laquelle on ajoute du sel, des herbes et des épices.

VINAIGRES

balsamique le seul vinaigre balsamique authentique est celui de Modène, en Italie ; il est fabriqué à partir d'un vin régional de cépage trebbiano. Il doit son parfum délicat à son vieillissement en fût de bois, qui peut aller de quelques mois à 50 ans.

de riz à base de riz fermenté.

de vin blanc à base de vin blanc fermenté.

de vin rouge à base de vin rouge fermenté.

YAOURT nous utilisons uniquement du yaourt nature 0 %.

Index

maraboutchef

TESTÉ 3 FOIS

Vous avez choisi “mes recettes protéinées”, découvrez :

Et aussi :

ENTRE AMIS
Apéros & mini-bouchées
Best-of cakes
Best-of verrines

RAPIDE
Recettes au micro-ondes
Recettes de filles
Salades pour changer

CUISINE DU MONDE
Recettes chinoises
À l'italienne
Cuisiner grec
Easy wok

CLASSIQUES
Pain maison
Grandes salades
Recettes de famille
Spécial pomme de terre
Pasta
Tartes, tourtes & Cie

PRATIQUE
Recettes pour bébé
Cuisiner pour les petits
Petits plats mini-prix
Spécial étudiant

SANTÉ
Desserts tout légers
Recettes détox
Recettes rapides et légères
Recettes pour diabétiques
Recettes anti-cholestérol
Recettes minceur
Recettes bien-être
Recettes végétariennes
Spécial légumes

GOURMANDISES
Les meilleurs desserts
Tout chocolat
Cupcakes, cookies & macarons

MARABOUT SE PRÉOCCUPE DE L'ENVIRONNEMENT

Nous utilisons des papiers composés de fibres naturelles, renouvelables et recyclables.

Les papiers qui composent ce livre sont fabriqués à partir de bois issus de forêts qui adoptent un système d'aménagement durable.

Nous attendons de nos fournisseurs de papier qu'ils s'inscrivent dans une démarche de certification environnementale reconnue.

Suivi éditorial : Natacha Kotchetkova
Correction : Clémentine Bougrat
Mise en page : Les PAOistes

Hachette Livre (Marabout) - 43, quai de Grenelle – 75905 Paris CEDEX 15

Cette édition est issue d'ouvrages publiés initialement en Australie par ACP Magazines Ltd.

L'éditeur remercie Véronique Dreyfus pour la traduction des recettes issues de *100 Fast fillets*.

Dépôt légal : mars 2010 - 40.5724.6 - ISBN : 978-2-501-06581-8
Édition 01 / Imprimé en Espagne par Gráficas Estella.